Emile BADEL

Les

Gloires Militaires

de Lunéville

21 OCTOBRE 1906

NANCY
Imprimerie Louis KREIS
Georges, 51

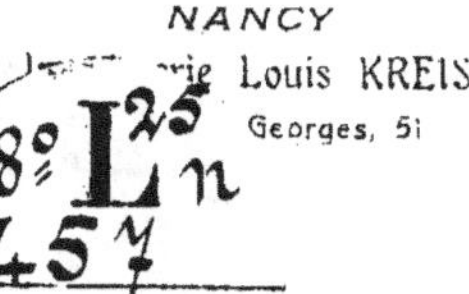

Emile BADEL

Les
Gloires Militaires
de Lunéville

21 OCTOBRE 1906

NANCY
Imprimerie Louis KREIS
Rue Saint-Georges, 51

CHARLES-JUSTE
DE BEAUVAU
MARÉCHAL DE FRANCE
MINISTRE
DE LOUIS XVI
MEMBRE
DE L'ACADÉMIE
FRANÇAISE
1720-1793

Les Gloires Militaires

DE LUNÉVILLE

Le Comité du Souvenir Français, à Lunéville, a décidé d'honorer publiquement, par des stèles commémoratives d'émail et de bronze, la glorieuse mémoire du maréchal de France Charles-Juste de Beauvau et des généraux Diettmann et Haxo, tous les trois illustres enfants de Lunéville.

Le Comité central de Paris, à la prière de MM. Boiselle et Emile Badel, a généreusement offert au Comité de Lunéville les trois plaques de souvenir, inaugurées solennellement le 21 octobre 1906.

Voici le programme de la cérémonie patriotique du Souvenir Français à Lunéville, avec le concours des autorités civiles et militaires, des sociétés locales, sous la présidence de M. le général Bailloud, commandant le 20ᵉ corps d'armée, assisté des sénateurs, députés,

des représentants officiels du Gouvernement de la Ré-
publique, des descendants des trois héros lunévil-
lois, etc. :

9 *heures du matin :*

Réunion générale, place de la Gare.

9 *heures* 1/2 :

Formation du cortège ; Inauguration des stèles :
du général Haxo, rue Gambetta (discours de M. Castara, maire de Lunéville) ; du maréchal de Beauvau
(maison Keller), rue de Lorraine (discours de M. Emile
Badel, délégué du *Souvenir Français*) ; du général
Diettmann, place des Carmes (discours de M. Ricklin,
délégué du *Souvenir Français*, à Lunéville.

11 *heures* :

Visite au Monument du Square, pour y déposer la
couronne du *Souvenir Français*. — Discours de
MM. Boiselle, président du *Souvenir Français* à Lunéville, et Niessen, fondateur de l'œuvre en France.

11 *heures* 1/2 :

Cérémonie religieuse à l'église Saint-Jacques, à la
mémoire des soldats morts pour la patrie. Allocution
de M. l'abbé Delor.

A *midi* 1/2 :

Grand banquet au Salon des Halles.

Voici le texte des inscriptions commémoratives gra-
vées sur les stèles de bronze offertes à Lunéville par
le Souvenir Français :

A LA MÉMOIRE
DE CHARLES-JUSTE DE BEAUVAU,
NÉ A LUNÉVILLE LE 10 NOVEMBRE 1720.
HÉROS DE LA GUERRE DE SEPT-ANS,
MARÉCHAL DE FRANCE
MEMBRE DE L'ACADÉMIE FRANÇAISE,
MORT A SAINT-GERMAIN-EN-LAYE,
LE 21 MAI 1793.

———

DANS CETTE MAISON NAQUIT,
LE 24 JUIN 1774,
FRANÇOIS-NICOLAS-BENOIT HAXO,
GÉNÉRAL DE DIVISION,
PAIR DE FRANCE,
GRAND-CROIX DE LA LÉGION D'HONNEUR,
QUI S'ILLUSTRA A LANDAU, MAYENCE, SARAGOSSE,
KULM ET ANVERS.
MORT LE 25 JUIN 1838.

———

DANS CETTE MAISON VÉCUT
DOMINIQUE DIETTMANN,
NÉ A LUNÉVILLE LE 21 NOVEMBRE 1739
LIEUTENANT-GÉNÉRAL A L'ARMÉE DU RHIN,
MORT A COLMAR LE 21 MARS 1794.
S'EST ILLUSTRÉ PENDANT LA GUERRE DE SEPT-ANS
ET AUX COMBATS DE BISCHEIM ET DE NERWINDE.

Le Maréchal de Beauvau

Charles-Juste de Beauvau naquit à Lunéville le 10 novembre 1720. Il était fils du prince Marc de Beauvau-Craon, vice-roi de Toscane, et de la belle princesse Marguerite de Ligniville, qui donna vingt enfants à son mari.

A treize ans, il s'engagea dans le régiment de son oncle de Ligniville et fit vaillamment la campagne de Bohême.

En 1742, pendant que les Français étaient assiégés dans Prague, les grenadiers de la garnison, unis aux carabiniers, rentraient d'une sortie qui avait été pour eux la plus brillante victoire. Cependant, ils revenaient bien tristes, et comme on leur en demandait la cause, ils répondirent : « Le jeune brave est blessé. »

Ce jeune brave, c'était Charles de Beauvau, rapporté sur un brancard et qui allait voir périr son oncle de Ligniville sur les remparts de Colorno.

Prague, défendue contre le prince Charles de Lorraine par le jeune Beauvau, dont le père était alors premier ministre du grand-duc de Toscane, François de Lorraine, offrait ainsi un des jeux bizarres de la fortune ; mais les cruelles vicissitudes et les changements de souveraineté que venait de subir la Lorraine, tant disputée par la France et l'Allemagne, entraînaient de pareils résultats.

Le prince de Beauvau ne démentit point ce brillant début qui lui valut la croix de Saint-Louis à l'âge de vingt ans. Sa famille montrait alors les plus beaux exemples de bravoure. Son frère Alexandre, colonel du régiment de Hainaut, mourait à l'âge de dix-neuf ans à la bataille fameuse de Fontenoy, en 1745 ; son autre frère, Ferdinand de Beauvau, maréchal de camp, était tué, à l'âge de vingt ans, au siège d'Ypres, le 24 juin 1744, après avoir prononcé ces belles paroles : « Mes amis, laissez-moi mourir et allez combattre ! »

Charles de Beauvau s'éleva rapidement de grade en grade et rappela dans toutes ses campagnes son surnom de *Jeune brave.*

**

Au passage de la Bormida, il s'élance avec son frère à travers les embrasures des canons ; il s'empare des retranchements et du pont qui arrêtaient l'armée française.

A l'assaut de Mahon, il commande l'attaque principale et arrive le premier sur la brèche. A la journée de Corbach, il accourt de Versailles et, malgré son titre de lieutenant-général des armées, il ne craint pas de servir comme aide de camp sous les ordres du maréchal de Broglie.

Bientôt la France le choisit pour commander en chef les troupes envoyées au secours de l'Espagne. Il allait entrer dans les Algarves, à la tête de 12 bataillons français, lorsque la paix de 1763 vint fermer devant lui cette carrière des armes qu'il était si avide de parcourir.

On ne vit plus alors que l'homme de bien dans celui qui avait montré tant d'ardeur à la guerre.

Ce qui assigne au maréchal de Beauvau une place importante parmi les personnages les plus distingués de son temps, ce n'est pas seulement cette valeur, brillant héritage de ses pères, mais qui lui fut commune avec beaucoup d'autres ; c'est cette bonté de caractère qui lui était propre et qui lui mérita d'être surnommé aussi « l'homme sans peur et sans reproche ».

Bientôt il fut nommé commandant du Languedoc, où il se fit chérir des malheureux protestants par ses bienfaits, ses largesses et sa bonté inépuisable. Il en délivra beaucoup des prisons où ils gémissaient et ne craignit pas — c'est peut-être sa plus belle action, entre mille autres — d'écrire au roi : « La justice et l'humanité, parlant en faveur de toutes ces infortunes, je me suis bien gardé de choisir entre elles. Après leur sortie, j'ai fait fermer la tour, dans l'espérance qu'elle ne s'ouvrira jamais plus pour semblable cause. »

On pense bien qu'une telle lettre fut attaquée à la cour ; les bureaux ministériels crièrent à l'innovation, à l'abus de confiance et de pouvoir. Le maréchal de Beauvau reçut l'ordre formel de réintégrer presque tous les prisonniers ; en cas de refus, on le menaçait de lui ôter son commandement.

Le maréchal répondit courrier par courrier cette phrase sublime : « Le roi est le maître de m'ôter le commandement qu'il m'a confié, mais non de m'empêcher d'en remplir le devoir selon ma conscience et mon honneur. »

Et les protestants furent tous délivrés.

On n'en finirait pas si l'on voulait énumérer tous les actes de justice du maréchal de Beauvau, dans un temps où l'arbitraire tenait lieu de justice.

Cette façon d'agir lui attira bien des ennemis à la cour ; mais il était adoré des populations et il y eut presque une émeute lorsque le chancelier Maupou voulut exiler Beauvau à Epinal.

Sous le règne de Louis XVI, le maréchal fut nommé, en 1777, commandant d'une des premières divisions militaires et, en 1782, gouverneur de Provence.

Au moment de la Révolution, le maréchal de Beauvau devint ministre durant cinq mois ; mais bientôt sa santé s'altéra, et il mourut à Saint-Germain-en-Laye, au château du Val, le 21 mai 1793, loué par tous les journaux du temps.

On montre encore, dans le nouveau cimetière de cette localité, le tombeau du maréchal et de la princesse, son épouse, née de Rohan-Chabot.

Je n'ai rien dit encore de sa munificence éclairée,

de ses largesses sans nombre, de son goût passionné
pour les lettres et pour les arts.

Le maréchal de Beauvau faisait partie de l'Académie française depuis 1771 et c'est son neveu, le célèbre chevalier Stanislas de Boufflers, qui prononça son
éloge, en 1805. Il avait été marié deux fois ; sa première femme était Charlotte de la Tour d'Auvergne,
dont il eut une fille, la princesse de Poix ; sa seconde
femme fut Marie-Charlotte de Rohan-Chabot, née en
1729, qui mourut seulement en 1807, après avoir
écrit de très intéressants *Mémoires* sur la vie de son
mari, publiés en 1872 par Mme Standish, née de
Noailles.

La Descendance du Maréchal

Le maréchal de Beauvau, dont Lunéville va exalter la glorieuse mémoire l'autre dimanche, après Nancy, Haroué, Marseille et Paris, était le quatrième des vingt enfants du prince Marc de Beauvau-Craon et de Marguerite de Ligniville.

Il naquit le 20 novembre 1720, à Lunéville, et mourut le 21 mai 1793, au château du Val, à Saint-Germain-en-Laye, qui lui avait été donné par Louis XV, en récompense de ses services militaires.

Le maréchal de Beauvau épousa en premières noces Mlle de la Tour d'Auvergne, et en secondes noces Mlle de Rohan-Chabot, une des plus belles femmes du XVIIIe siècle.

De son premier mariage, il eut une fille unique, Louise de Beauvau, qui épousa le prince de Poix, fils du maréchal-duc de Mouchy, chef de la branche cadette de la maison de Noailles.

La princesse de Poix, née Beauvau, eut deux fils. L'aîné, Charles de Noailles, duc de Mouchy, marié à Mlle de Laborde, n'eut qu'une fille, Léontine de Noailles, mariée à son cousin, le vicomte de Noailles. Le cadet, Juste de Noailles, épousa Mlle de Talleyrand-Périgord et prit, après la mort de son frère, le titre de prince-duc de Poix.

De ce mariage sont nés trois fils et une fille :

1° Henri de Noailles, duc de Mouchy, marié à sa cousine Cécile de Noailles, fille de la vicomtesse de Noailles, père du duc de Mouchy actuel ;

2° Antoine, comte de Noailles, marié à Mlle Cosvelt, mort sans postérité ;

3° Louis, comte de Noailles, mort célibataire ;

4° Sabine de Noailles, mariée à M. Lionel Standish, mère de M. Henry Standish.

Le duc de Mouchy et M. Henry Standish sont donc les deux seuls arrière-petits enfants du maréchal de Beauvau, par sa fille, la princesse de Poix.

Le prince de Beauvau actuel descend du frère cadet du maréchal, le prince de Craon, qui devint, à la mort de son frère, sans descendance mâle, chef de la maison de Beauvau.

Le comte Ferri de Ludre, par sa mère, Hedwige de Beauvau, et le prince de Beauvau-Craon, sont les arrière-petits neveux du célèbre maréchal de France, Charles-Juste de Beauvau.

La maréchale princesse de Beauvau, née Rohan-Chabot, survécut à son époux et laissa, en mourant, tous ses papiers et ceux du maréchal à sa belle-fille, la princesse de Poix, qui les laissa à son tour à sa petite-fille, Mme Standish, née Noailles.

Le maréchal de Beauvau mourut à Saint-Germain-en-Laye pendant la Révolution, et fut enterré, selon son désir, dans le cimetière de cette ville. La maréchale fut plus tard enterrée auprès de lui.

Le cimetière de Saint-Germain ayant été changé il y a quelques années, le duc de Mouchy et M. Henry Standish ont fait transporter le monument et les restes de leurs ancêtres dans le nouveau cimetière de cette ville.

Armes du Maréchal de Beauvau-Craon

Voici le texte de l'allocution prononcée par M. Emile Badel, devant la stèle commémorative du maréchal de Beauvau, à Lunéville :

« Messieurs,

« Ce n'était point une nature banale et vulgaire, que cet illustre enfant de Lunéville, que ce maréchal de France Charles-Juste de Beauvau-Craon, que votre cité, fière de ses gloires militaires comme de ses illustrations civiles, honore publiquement aujourd'hui.

« Tour à tour à la tête des armées françaises, gouverneur du Languedoc et de la Provence, membre de l'Académie française, ministre de la guerre, ami et continuateur de l'œuvre de notre illustre Choiseul, le maréchal de Beauvau, si grand dans la fortune et les honneurs, le fut plus encore dans l'adversité, la défaveur royale et la vie privée.

« Et sa mémoire s'est fidèlement consacrée partout où il a passé : à Haroué, pays de ses ancêtres, où nous lui avons érigé un monument en 1897; à Paris, où le ministère de l'Intérieur, palais de sa famille, porte toujours son nom ; à Bordeaux, à Marseille et à Nancy, où les rues de Beauvau sont parmi les plus belles de ces grandes cités ; à Lunéville, enfin, où l'ancien quartier des Cadets se glorifie de rappeler aux soldats de France le jeune brave de la campagne de Bohême.

« Et aujourd'hui, Messieurs, grâce au *Souvenir Français*, qui sème sur notre terre de Lorraine les monuments de la reconnaissance — véritables autels de la patrie — aujourd'hui Lunéville — qui garde dans son Musée le buste du maréchal que nous lui avons offert — consacre publiquement la gloire du maréchal de Beauvau, l'une des figures les plus sympathiques du xviiie siècle.

« Sa vie, Messieurs, vous la connaissez... La voici, résumée en quelques mots :

« Né à Lunéville le 10 novembre 1720, Charles-Juste de Beauvau était l'un des vingt enfants du prince Marc de Beauvau-Craon, vice-roi de Toscane, et de la belle princesse de Ligniville.

« L'hôtel de Craon s'élevait ici même, près du château de Léopold, et la faveur ducale, vous le savez, combla de bienfaits la famille de notre héros.

« A treize ans, le jeune enfant de Lunéville s'engage et fait la fameuse campagne de Bohême, sous les ordres de Chevert, durant la Guerre de la Succession d'Autriche.

« Il assiste au siège de Prague, en 1742, et il est blessé dans une sortie, aux côtés du colonel de Ligniville, son oncle, tué glorieusement à Colorno.

« A vingt ans, Beauvau était décoré de la croix de Saint-Louis, pendant que son frère Alexandre, colonel à dix-neuf ans, tombait glorieusement au célèbre champ de bataille de Fontenoy.

« Sa carrière militaire, jusqu'en 1763, n'est qu'une succession de faits héroïques. Maréchal de France, il est nommé gouverneur du Languedoc et de la Provence, et il se fait chérir de tous par ses libéralités inépuisables, son amour des humbles et son grand esprit de justice.

« Des protestants gémissaient dans les prisons ; il les fait délivrer, fait murer la tour et écrit au roi : « J'ai fait fermer la tour dans l'espérance qu'elle ne s'ouvrira jamais plus pour une pareille cause. »

« Beauvau comprenait ainsi mieux que personne les bienfaits de la liberté de conscience.

« Au reçu de cette lettre, le roi et ses ministres s'agitent, et le gouverneur trop humain reçoit l'ordre formel de réintégrer les prisonniers. En cas de refus, c'est la perte de son commandement et de tous ses honneurs.

« Et le maréchal de Beauvau répond fièrement :

« Le roi est le maître de m'ôter les commandements
« qu'il m'a confiés, mais non de m'empêcher d'en
« remplir les devoirs selon ma conscience et mon
« honneur. »

« Et les protestants furent délivrés.

« Cette façon d'agir de votre illustre compatriote, Messieurs, on la retrouve dans tous les actes de sa vie publique : adoré des populations, ennemi de l'arbitraire et de l'injustice, philosophe et lettré bien au-dessus des coteries, le maréchal de Beauvau avait suivi dans la retraite son compatriote et ami, le duc de Choiseul.

« Il salua l'aurore de la Révolution française, que ses idées libérales avaient préparée ; il devint, en 1790, ministre de la guerre et c'est lui, Messieurs, qui adressa aux jeunes gens de Haroué le premier drapeau tricolore qui ait paru en notre Lorraine, devenue française depuis 1766.

« Le maréchal de Beauvau, âgé et infirme, retiré à Saint-Germain-en-Laye, y mourut le 21 mai 1793, et les journaux révolutionnaires lui consacrèrent ce bel éloge : « Malgré son nom et ses dignités, l'ascendant
« de ses vertus et de ses bienfaits l'a environné de
« respect jusqu'à la fin de sa carrière. »

« Messieurs, la vie du maréchal de Beauvau a été féconde en hauts faits et en actions d'éclat de tout genre au service de la France... Mais il nous plaît aujourd'hui de saluer en lui le glorieux enfant de Lunéville, précurseur des Diettmann et des Haxo, le Lorrain sans peur et sans reproche qui consacra sa vie à la France, sa fortune au soulagement des pauvres et

son grand cœur à l'avènement de la justice, de la véri-
té, de la bonté.

« A notre tour, Messieurs, comme ces Enfants célè-
bres dont Lunéville a le droit d'être si fière, marchons
vers l'idéal de beauté, de justice, de devoir et de mu-
tualité qui doit être le véritable idéal de tout bon Lorrain et de tout bon Français.

« *Sans départir...* c'était la devise du maréchal.
Qu'elle soit nôtre à jamais, à Lunéville et par toute la
Lorraine. Ce sera la joie durable de cette fête d'union
patriotique.

« *A nous le Souvenir... A eux l'Immortalité !* »

Le Général Diettmann

Le général Dominique Diettmann, fils de Paul-Sébastien Diettmann et d'Anne-Catherine Aubertin, naquit à Lunéville le 21 novembre 1739.

Admis dans la compagnie des gendarmes d'Artois le 14 mai 1760 ; fourrier-major le 17 mai 1773 ; porte-étendard de la compagnie des gendarmes des Flandres avec rang de lieutenant-colonel le 1er avril 1776.

Rang de mestre-de-camp le 17 juin 1782 ; sous-aide-major de la gendarmerie le 9 septembre 1782 ; réformé avec ce corps, à dater du 1er avril 1788, en exécution de l'ordonnance du 2 mars 1788.

Nommé colonel du 22e régiment de cavalerie, le 5 février 1792 ; maréchal de camp employé à l'armée du Centre, le 22 mai 1792.

Employé à l'armée du Nord, le 20 juin 1792 ; lieutenant-général le 12 septembre 1792 ; désigné le 27 avril 1793 pour prendre le commandement qu'avait le général Desprez-Crassier, destitué.

Employé à l'armée du Rhin, le 31 mai 1793 ; nommé commandant en chef des armées du Nord et des Ardennes réunies, en remplacement de Custine, le 22 juillet 1793.

Commandait la cavalerie de l'armée du Rhin, lorsqu'il mourut à Colmar, le 21 mars 1794.

Campagnes de 1760, 1761 et 1762 en Allemagne ; 1792, 1793 et 1794, aux armées du Rhin et du Nord.

S'est particulièrement distingué aux combats de Nerwinde et de Bischeim. Chevalier de Saint-Louis, le 27 août 1781.

Le général Diettmann eut deux fils, qui le suivirent dans la carrière militaire :

1° Georges-Dominique-Catherine Diettmann, né à Lunéville le 25 janvier 1779, major du 5e régiment de chasseurs à cheval en 1806, mort le 28 mai 1807, à Clèves ;

2° Georges-François Diettmann, né à Lunéville le 12 avril 1790, entré à Saint-Cyr en 1806, caporal en 1807, lieutenant en 1809, capitaine en 1811, lieutenant-colonel en 1831, colonel du 7e régiment d'infanterie en 1834, maréchal de camp ou général de brigade le 14 avril 1844, retraité en 1849, commandant de la Légion d'honneur en 1837, décédé à Nancy le 19 septembre 1854, ayant assisté aux campagnes de 1807 et 1808, 1809, 1810 et 1811, 1812, 1813 et 1814, 1815.

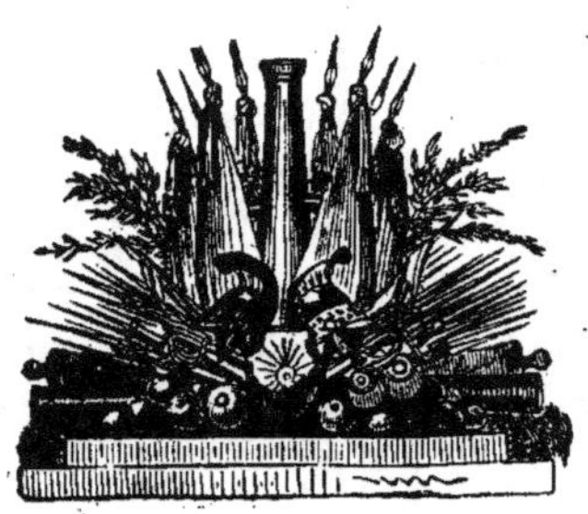

Le Général Haxo

Le général François-Nicolas-Benoît Haxo naquit à Lunéville le 24 juin 1774.

Voici ses états de services :

Elève sous-lieutenant à l'Ecole d'artillerie et du génie de Châlons-sur-Marne en 1792. Promu lieutenant le 1er juin 1793 et envoyé dans une compagnie de mineurs en garnison à Strasbourg.

Se distingue au siège de Landau, où il est blessé.

Capitaine du génie en 1794, il assiste au siège de la tête du pont de Mannheim et au blocus de Mayence.

Chef de bataillon pendant la campagne d'Italie, le 5 mars 1801. Sous-chef d'état-major en 1807, après avoir accompli la mission de mettre en état de défense les places fortes de la Turquie. Colonel du génie le 2 mars 1809, après le siège de Saragosse.

Général de brigade le 23 juin 1810, rentre en France à la fin de l'année et prend une part active aux travaux du Comité des fortifications.

Commandant du génie à l'armée d'Allemagne, en 1811. Général de division le 5 décembre 1812, pendant la campagne de Russie. Commandant du génie de la Garde impériale le 14 juin 1813. Fait prisonnier la même année, à l'affaire de Kulm, après avoir reçu un éclat d'obus dans la poitrine.

Interné en Hongrie jusqu'à la paix de 1814. Membre du Comité des fortifications, dès son retour en France. Reprend ses anciennes fonctions aux Cent-

Jours et assiste à la bataille de Waterloo. Inspecteur général des fortifications en 1819. Commandant en chef du génie pendant la campagne de Belgique. Après le siège d'Anvers, Haxo est promu grand-croix de la Légion d'honneur et reçoit le grand cordon de l'ordre de Léopold.

Il avait été décoré de l'ordre de Saint-Louis en 1814. Conseiller d'Etat depuis 1831, Haxo est élevé à la pairie en 1832. Il mourut le 25 juin 1838.

Le général Haxo avait épousé, vers 1820, Mlle Frotier de la Coste Messelière; elle se remaria avec l'ancien aide de camp de son mari, le général de division du génie Vaillant, qui devint maréchal de France le 11 décembre 1851 et sénateur en 1852.

ALLOCUTION

prononcée devant la Stèle du Général Diettmann

par M. RICKLIN

Messieurs,

La mémoire du général Dominique Diettmann, fils, frère et père de glorieux Lunévillois, est une de celles que le *Souvenir Français* devait tirer de l'oubli pour la proposer en exemple aux générations à venir.

Après les paroles si émues et si patriotiques que vous avez entendues tout à l'heure devant les stèles commémoratives du général Haxo, le défenseur d'Anvers, et du maréchal de Beauvau, le héros de la Guerre de Sept Ans, je voudrais à mon tour honorer publiquement ici, devant cette maison, qu'il a longtemps habitée, l'illustre enfant de Lunéville, mort glorieusement à Colmar, dans notre chère Alsace, en pleine épopée révolutionnaire.

Le nom de Diettmann, donné récemment à l'un de nos quartiers de cavalerie, est un de ceux qui doivent être chers à tout citoyen de Lunéville ; il rappelle à la fois le grand général de la Révolution, au cœur chaud et ardent, à l'âme noble et fière, au courage indomptable, et ses deux fils, qui ont consacré leur vie à la France.

Dominique Diettmann, celui que nous honorons dans cet humble souvenir, est l'aîné et le père de cette génération de soldats, issus du peuple lorrain et s'élevant par leurs seuls mérites aux plus hauts grades, aux plus hautes charges de l'armée française.

Il naquit à Lunéville, le 21 novembre 1739, d'une très humble famille. Son père était Paul-Sébastien Diettmann, et sa mère Anne-Catherine Aubertin, braves gens, comme il en est tant dans notre pays lorrain et qui trouvent toute leur félicité dans leurs enfants et dans une honnête médiocrité, exempte de soucis et d'envie.

A l'âge où les fils cherchent une vocation, le jeune Diettmann s'engage et parcourt successivement toutes les étapes — si lentes alors — des grades inférieurs.

Officier remarquable et d'une valeur incontestée, la Révolution le trouve dans une situation très effacée, dont elle va le tirer pour en faire l'un des stratèges les plus éminents de l'Invasion et des admirables campagnes du Nord et du Rhin.

Diettmann, épris de liberté, mais plus encore de lauriers et de gloire, va continuer cette pléiade héroïque d'hommes jeunes et ardents qui, de tous les coins de l'Alsace et de la Lorraine, va voler au salut de la patrie, ces paysans solides et volontaires qui trouveront un jour dans leur giberne l'épée de général ou le bâton de maréchal de France : Mouton, de Phalsbourg ; Perrin ,de Lamarche ; Ney, l'incomparable, de Sarrelouis ; Lassalle, de Metz ; Drouot, de Nancy ; Vaudeville, de Saint-Nicolas ; Rapp, de Colmar ; Molitor, de Hayange ; Kléber, de Strasbourg ; Duroc et Fabvier, de Pont-à-Mousson, et tant d'autres, Messieurs, qui ont illuminé nos chères provinces de Lorraine et d'Alsace d'un tel rayon de gloire, que la cruelle blessure de 1870 n'a pu les faire oublier, ici ou *là-bas* !

Et alors, Messieurs, l'épopée continue radieuse pour le jeune capitaine Diettmann. En 1792, il est nommé colonel du 22ᵉ régiment de cavalerie, maréchal de camp ou général de brigade la même année, entraînant ses hardis sabreurs dans cette lutte de géants où les Volontaires se dressèrent comme un rempart vivant contre les envahisseurs de la patrie.

Un frémissement d'orgueil nous saisit à la vue de ces armées nouvelles de la Révolution, marchant à l'appel de la France, sous les plis de ce jeune drapeau tricolore, qui s'apprête, avec nos Alsaciens, avec nos fiers Lorrains, à faire rapidement le tour du monde.

Et Diettmann, en 1792, est à la tête de l'armée du Nord ; le jour où la première République est proclamée, il est nommé lieutenant-général ; l'année suivante, commandant en chef des armées du Rhin et des Ardennes, toujours l'intrépide cavalier, le stratège redouté et le grand manieur d'hommes qui sait pratiquer avec tous la devise républicaine : Liberté ! Egalité ! Fraternité !

Mais hélas ! la vie lui est mesurée au cours de ses triomphes. A Colmar, brusquement, la mort saisit Dominique Diettmann, le héros lorrain sans reproche et sans peur, et il succombe dans la patrie de Rapp, le 21 mars 1794, après s'être distingué dans tous les combats de la Guerre de Sept-Ans, notamment à Nerwinde, à Bischeim, et durant la fameuse campagne de 1792, faisant face, avec un élan superbe, aux masses autrichiennes et prussiennes.

Il meurt, votre illustre compatriote, mais il ne disparaît pas tout entier. Outre ses exemples, outre le souvenir de ses hauts faits, Diettmann, aussi bon citoyen que bon général, laisse à la France de nombreux enfants et surtout deux fils qui continueront à illustrer le nom de Diettmann.

C'est Georges-Dominique, son aîné (1779-1807), d'abord officier d'ordonnance de son père, puis du général Duroc, qui s'élève rapidement aux grades de capitaine et de major au 5e chasseurs à cheval, et qui meurt d'un coup de feu reçu à Clèves, après une conduite admirable à l'armée de Sambre-et-Meuse.

C'est son cadet, Georges-François, le second général Diettmann, né à Lunéville le 12 avril 1790, capitaine en 1811, colonel en 1834, général en 1844, mort à Nancy en 1854, après une carrière des mieux remplies.

Messieurs, les trois Diettmann, tous trois enfants de Lunéville, sont pour nous un grand exemple de bravoure, de générosité et de dévouement à la France.

Et la fête d'aujourd'hui, qui va se terminer par une pieuse station à cet autel de la patrie qu'est le Monument de nos soldats morts en 1870, sera pour nous tous comme le symbole de l'union de tous les citoyens. Avec le maréchal de Beauvau, nous avons honoré les gloires les plus pures de l'ancien régime ; avec le général Haxo, nous avons rappelé l'épopée légendaire de Napoléon et l'indépendance de la Belgique ; avec Diettmann, nous exaltons les campagnes de la Révolution française ; tout à l'heure, nous allons saluer la mémoire de ceux des nôtres qui sont morts en 1870. Ce qui prouve, Messieurs, que le patriotisme, que le courage, que l'héroïsme sont de tous les temps et de tous les régimes, car au-dessus des partis, au-dessus des agitations et des divisions politiques, il y a la France, il y a la patrie qui ne meurt pas, et pour qui, comme les Beauvau, les Haxo et les

Diettmann, nous sommes tous prêts à donner notre vie.

A nous le Souvenir ! A eux l'Immortalité !

***

P. S. — Nous regrettons très vivement de n'avoir pu insérer ici la vibrante allocution de M. CASTARA, prononcée devant la stèle du général Haxo. Par suite des nécessités de l'imprimerie, cette brochure a dû être tirée le 18 octobre.

Imp. Louis KREIS, rue Saint-Georges, 51, Nancy.

9 782329 652597